CATALOGUE
DE
LITHOGRAPHIES
ET
EAUX-FORTES
MODERNES

Par BONINGTON, BUHOT, CHARLET, DAUBIGNY,
DAUMIER, DELACROIX, GAVARNI, GÉRICAULT, RAFFET,
SEYMOUR-HADEN, WHISTLER

QUELQUES AQUARELLES ET DESSINS

DONT LA VENTE AUX ENCHÈRES PUBLIQUES AURA LIEU

HOTEL DES COMMISSAIRES-PRISEURS, RUE DROUOT, N° 9

SALLE N° 10

Le jeudi 16 avril 1896

A trois heures.

Par le ministère de M° **MAURICE DELESTRE**, Commissaire-Priseur,
rue Drouot, 27,

Assisté de M. **JULES BOUILLON**, marchand d'estampes de la Bibliothèque
nationale, rue des Saints-Pères, 3.

PARIS — 1896

CATALOGUE

DE

LITHOGRAPHIES

ET

EAUX-FORTES

MODERNES

Par BONINGTON, BUHOT, CHARLET, DAUBIGNY,
DAUMIER, DELACROIX, GAVARNI, GÉRICAULT, RAFFET,
SEYMOUR-HADEN, WHISTLER

QUELQUES AQUARELLES ET DESSINS

DONT LA VENTE AUX ENCHÈRES PUBLIQUES AURA LIEU

HOTEL DES COMMISSAIRES-PRISEURS, RUE DROUOT, N° 9

SALLE N° 10

Le jeudi 16 avril 1896

A trois heures.

Par le ministère de Me **MAURICE DELESTRE**, Commissaire-Priseur,

rue Drouot, 27,

Assisté de M. **JULES BOUILLON**, marchand d'estampes de la Bibliothèque
nationale, rue des Saints-Pères, 3.

PARIS — 1896

CONDITIONS DE LA VENTE

Elle sera faite au comptant.

Les acquéreurs payeront *cinq pour cent* en sus des enchères, applicables aux frais.

M. Bouillon se réserve la faculté de réunir ou de diviser les lots.

DÉSIGNATION

LITHOGRAPHIES ET EAUX-FORTES

APPIAN (A.)

1 — Bords du lac du Bourget, — Flotille de barques marchandes à Monaco, — Inondation à Venise. Deux épreuves avant la lettre. — Le Village de Chanaz, — Le Champ de blé, — Souvenir, etc. Neuf pièces dont trois avant la lettre.

BONINGTON (R.-P.)

2 — Rue du Gros Horloge (Rouen). (H. Beraldi, 1). — Vue générale de l'Eglise Saint-Gervais-et-Saint-Protais, à Gisors (2). Deux pièces. Très belles épreuves, sur chine.

3 — Tour aux archives à Vernon (3), — Tombeau de Marguerite de Bourbon, dans l'église de Brou (9), — Vue générale des ruines du château d'Arlay, 1827 (10), — Ruines du château d'Arlay (11). Quatre pièces. Très belles épreuves, sur chine.

4 — Pierre de Vaivre (Franche-Comté) (12), — Croix de Moulin-les-Planches (13), — Vue d'une rue des faubourgs de Besançon (14). Trois pièces. Très belles épreuves, sur chine.

5 — Façade de l'église Saint-Jean à Lyon (15). Rare épreuve avant la lettre.

6 — La Tour du marché à Bergues, château d'Harcourt (Lillebonne), — Maison grande rue Saint-Pierre à Caen, — Cathédrale Notre-Dame à Rouen, — Église Saint-Sauveur à Caen. Deux épreuves. Six pièces de la suite connue sous le titre de : La Petite Normandie. Très belles épreuves.

7 — Une planche et deux culs-de-lampe pour le Voyage en Ecosse, — Le Silence favorable. Quatre pièces.

BRACQUEMOND

8 — Portrait de *Corot* (H. B., 24). Epreuve avant la lettre, sur chine.

BRACQUEMOND

9 — Le haut d'un battant de porte (H. B. 110), — Les Taupes (134), — L'Inconnu (174), — Vanneaux et sarcelles (175), — La Mort de Matamore (177), — Les Cigognes (179), — Terrasse de la villa Brancas (215), — Vue du pont des Saints-Pères (217), — Titre pour les graveurs du dix-neuvième siècle (794). Neuf pièces.

BUHOT (F.)

10 — L'Hiver à Paris, vue de la place Bréda (129), avec croquis dans les marges.

11 — Une jetée en Angleterre (132), avec croquis dans les marges.

12 — Le Peintre de Marine (146). Epreuve à toute marge.

13 — Westminster-Bridge (156). Epreuve avec les marges illustrées.

14 — Westminster Bridge, — Les Noctambules, — Titre pour Les Graveurs du dix-neuvième siècle. Trois pièces.

CADART (publications)

15 — Eaux-fortes publiées par Cadart et la *Gazette des Beaux-Arts*, par Corot, Jongkind, Lalanne, Chifflart, Rajon, Segé, Prevost, Ribot, Feyen-Perrin, Lepic, L. Jacques. Trente et une pièces.

CANALETTI (Ant.)

16 — Vues des environs de Venise. Treize pièces gravées à l'eau-forte.

CASSATT (Mary)

17 — Etude de jeune femme assise. Epreuve signée.

CHARLET. (N.-T.)

18 — Voltigeurs en tirailleurs derrière une palissade. (Cat. de l'œuvre de Charlet, n° 21. r r r), — La Consigne (29. r), — L'Hospitalité (33. r), — Les Invalides à la pêche (30. r), — La Conversation (34. r r). Cinq pièces. Très belles épreuves.

CHARLET (N.-T.)

19 — Le Grenadier de Waterloo (38. r), Le Grenadier de Waterloo (39). Deux épreuves, dont une avant le nom de Lasteyrie. — Le Drapeau défendu (42. r), — Le Français après la victoire (43. r r r). Cinq pièces. Très belles épreuves.

20 — Le Joueur de Marionnettes (48. r r), — Les Invalides en goguette (50. r), — Le Grenadier manchot (51), — M. Pigeon en grande tenue (53. r), — On dit (59. r r), — Infanterie légère montant à l'assaut (66. r), — Siège et prise de Berg-op-Zoom, à la Petite Provence (67. r r). Sept pièces. Très belles épreuves.

21 — Courage, Résignation (68. r r), — Le Caporal blessé, et son chien lui léchant sa blessure (69. r r), — Braconnier. Les Gueux (72-73), — Le Menuet (77. r r), — Au maréchal Brune (84. r r r), — Le Soldat musicien (84. r r). Huit pièces. Très belles épreuves.

22 — L'Aumône (87. r). Deux épreuves, dont une avant toutes lettres, — A moi, les anciens (89. r r r). Deux épreuves, quatre pièces. Très belles épreuves.

23 — Appel du contingent communal (90. r r), — Le Quartier général (91), — Les Pénibles adieux (92. r), — J'attends de l'activité (94. r), — Doucement la mère Michel (101. r), — L'Intrépide Lefebvre (102), — Réjouissances publiques (105. r). Sept pièces. Très belles épreuves.

24 — Siège de Saint-Jean d'Acre (107), — N'abandonnez pas cette pauvre veuve (270), — Triomphe de la religion (273-274), — J'obtiens de l'activité (275), — Il m'en reste encore un pour la patrie (276), — Aux vieux grognards, le tailleur de pierres reconnaissant (277), — Vous croisez la bayonnette sur les vieux amis! (278). Huit pièces. Très belles épreuves.

25 — L'Ecole de village (282), — Le Soleil luit pour tout le monde (290), — Je suis innocent ! dit le conscrit. Par le flanc droit, répond le caporal (291), — La Manie des

CHARLET

armes (292), — Promenade à Belleville de Mme Durand, Coco, Fifine, Azor, Polichinelle et M. Durand (295), — Papa Nanan (296), — Deux épreuves avant la lettre, — Le Laboureur nourrit le Soldat (298). Huit pièces. Très belles épreuves.

26 — Le premier coup de feu (299), — Le second coup de feu (300), — Jeune, j'avais des dents et pas de pain. Deux compositions différentes (301-302), — L'Insubordination (303), — Ils sont les enfants de la France (303), — Le Tailleur de pierres (336). Sept pièces. Très belles épreuves.

27 — Sujets tirés d'albums, croquis, griffonnements, pièces diverses non terminées, etc., etc. Cent soixante-sept pièces Pourra être divisé.

COROT

28 — Dans les Dunes, souvenir du bois de La Haye. Deuxième état.

DAUBIGNY (Ch.)

29 — La Pie (H. 20), — Le Rosier (25), — La Musette (26), — Dans les bois (34), — La Tour du Maure (35), — Leçon d'une mère à sa fille (36), — La Danse villageoise (38). Sept pièces.

30 — Les Petits cavaliers (42). Très belle épreuve d'une pièce rare.

31 — La Mare aux cerfs (45). Premier état, — Les deux rivages (58). Deuxième état, — Le Bas Meudon (59). Trois pièces.

32 — Le Lever du soleil (61). Deux épreuves, dont une avant l'adresse de l'imprimeur, — Les chevaux de halage (62). Épreuve avant l'adresse de l'imprimeur. Trois pièces, épreuves sur chine.

DAUBIGNY (Ch.)

33 — Les Petits oiseaux (65), — Le Bac (68), — La Pêcherie (69), — Les Ruines du château de Crémieux (71), — La Plage de Villerville (78), — Cochon dans un verger (87), — Lever de lune (89). Sept pièces.

34 — Les Vendanges (107), premier état, avant la lettre, et deuxième état, — Le Gué (108). Trois pièces.

35 — Les Bergers (112). Premier et deuxième état. Epreuves sur chine, — Claire de lune, Valmondois. Premier et deuxième états. Quatre pièces.

36 — Effet de lune sur les bords de l'Oise (113), — Clair de lune, Valmondois, — Castel-Gélos, Basses-Pyrénées. Trois pièces.

DAUMIER (H.)

37 — L'Œuvre de Henri Daumier en douze cents pièces environ, en épreuves de premier tirage avec certificat de l'imprimeur pour la plus grande partie des pièces. Sera vendu en plusieurs lots.

38 — Le Ventre législatif. Belle épreuve.

DECAMPS

39 — Croquis et sujets de chasse. Dix pièces. Très belles épreuves.

DELACROIX (Eugène)

40 — Arabes d'Oran, — Un Forgeron. Deux pièces gravées à l'eau-forte.

41 — Steenie (Moreau 13), — Tigre jouant avec sa mère (49), — Lion dévorant un cheval (56). Trois pièces.

42 — Goetz de Berlichingen écrivant ses mémoires (Moreau, 22), — Frère Martin serrant la main de fer de Goetz (23). Premier état, — Weislingen attaqué par les gens de Goetz (25), — Weislingen prisonnier de Goetz. (26). Premier état. Quatre pièces. Très belles épreuves.

DELACROIX (E.)

43 — Hamlet. Seize sujets dessinés et lithographiés par Eugène Delacroix. Paris, 1864.

44 — Faust. Dix-sept dessins composés d'après les principales scènes de la Tragédie de Goëthe, et exécutés sur pierre par Eugène Delacroix. A Paris, chez Ch. Motte, 1828. (58-75). Très belles épreuves du premier tirage avec l'adresse de C. Motte.

DEVERIA (A.)

45 — *Roqueplan* (Camille), — *Herz* (Henri), — *Deveria* (Mlle Laure). Trois portraits in-fol. Belles épreuves.

DIVERS

46 — Portrait de Goya, d'après lui-même, — Les Filles du Diable, par C. Nanteuil. Trois pièces eaux-forte et lithographies.

47 — Croquis par divers artistes, Descamps, Mozin, Isabey, etc. Treize pièces.

48 — Portraits, vues de villes et paysages gravés à l'eau-forte par Jules Lefèvre, Briend, Brunet-Debaisne, Harpignies, L. Flameng, Villevieille, Piguet, E. Yon, C. Nanteuil et Hotin. Onze pièces en épreuves d'artiste.

49 — Frontispices et billets d'exposition, portraits, etc., lithographies par Fantin-Latour, — Dillon, Maurou. Six pièces.

50 — Eaux fortes et lithographies publiées par le journal *L'Artiste*, titres de romances, etc. Vingt-six pièces.

FORTUNY

51 — Marocain assis. Épreuve du premier état, sur chine.

GAILLARD et KRUELL

52 — Léon XIII, — *Buhot* (F.). Deux portraits. Belles épreuves.

GAVARNI

53 — Raymond La Garrigue (43. r r r). Très belle épreuve.

54 — Napoléon Bonaparte (75), — *Decamps* (77). Deux portraits in-fol. en pied. En épreuves de deuxième état.

55 — Histoire de politiquer (1331-1335), — Les Enfants terribles (105), — Costume de bal d'Humann (2393), — Boîte aux lettres (1684), — Romances (93 et 208). Huit pièces. Très belles épreuves avant la lettre.

56 — Balayeur des rues (2073), — Marchand de casseroles (2074). Deux pièces. Belles épreuves.

57 — Le jour de l'an chez l'ouvrier (2189. r r r). Belle épreuve, sur chine.

58 — Politique des femmes, — Les Actrices, — Le Carnaval à Paris, — Paris le soir, — Leçons et conseils, — Les Débardeurs, — Les Enfants terribles, — Clichy, — Les Plaisirs champêtres, — Impressions de ménage, — Paris le matin, — Les Etudians de Paris, — Les Muses, — Fantaisies, etc. Cinquante-deux pièces. Très belles épreuves.

59 — Masques et visages. Deux cent quarante-quatre pièces en très belles épreuves.

60 — Physionomies parisiennes Cinquante pièces.

GÉRICAULT (Th.)

61 — Bouchers de Rome. (Cat. de l'œuvre de Géricault par M. Charles Clément n° 1. r r). Très belle épreuve.

62 — Mameluk de la Garde impériale défendant un jeune trompette blessé, contre un cosaque qui arrive au galop (8. r r). Très belle épreuve.

63 — La même pièce. Très belle épreuve.

64 — Les Boxeurs (9. r r). Superbe épreuve.

65 — Chariot chargé de soldats blessés, traîné par trois chevaux (10. r r). Belle épreuve, manquant de conservation.

GÉRICAULT (Th.)

66 — Retour de Russie (12. r r). Superbe épreuve du premier état, sans le titre et avec l'adresse de l'imprimeur. Imprimée à deux teintes.

67 — La même pièce. Belle épreuve du même état, imprimée en noir.

68 — Caisson d'artillerie (13. r r). Très belle épreuve.

69 — Le Factionnaire suisse au Louvre (14. r). Superbe épreuve.

70 — La même pièce. Très belle épreuve.

71 — A cheval (20. rr). Superbe épreuve.

72 — Marche dans le désert (21), — Passage du Mont Saint-Bernard (22. rr). Très belles épreuves du premier état, sans le titre. Le seconde est double, en 2° état. Trois pièces.

73 — Lara blessé (23), — Mazeppa (92). Deux pièces.

74 — Grandes lithographies anglaises, publiées à Londres en 1821, dont le détail suit :

   1. Titre. Un fourgon attelé (25. r), 1er état.
   2. The Piper (26. r).
   3. Pity the sorrows of a poor oldman, etc. (27. r).
   4. An Arabian horse (29. r).
   5. The flemish farrier (32. r).
   6. A French farrier (33. r).
   7. The English farrier (34. r).
   8. The Coal wagon (36, r).
   9. Horses going to a fair (37. r).

Toutes ces pièces, faisant parties d'une suite de douze, sont d'une grande rareté et sont très belles épreuves, avec belles marges.

75 — Guillaume le Conquérant rapporté après sa mort à l'église de Saint-Georges de Boscherville (45), — Titre pour les études de chevaux, suite française. Deux pièces.

GÉRICAULT (Th.)

76 — Etudes de chevaux, d'après nature. Suite de douze pièces, publiées chez Gihaut (47-58). Très belles épreuves du premier état.

77 — Pièces publiées chez Gihaut. Neuf pièces de deux suites différentes (59-73). Belles épreuves.

GÉROME

78 — César mort. Epreuve avec toute sa marge.

GLOCKENTON

79 — Le Portement de croix, d'après Martin Schongauer. Bonne épreuve, restaurée.

GOYA (F.)

80 — Quarante estampes représentant différentes manières et feintes de l'art de combattre les taureaux, inventées et gravées à l'eau-forte, à Madrid, par Don Francisco Goya y lucientes. Paris, Loizelet, S. d. En feuilles.

81 — Le Prisonnier. Epreuve d'une pièce publiée par la « Gazette des Beaux-Arts ».

GUÉRARD (H.)

82 — Le Garrot, tête de supplicié. Epreuve d'artiste.

HUET (Paul)

83 — Etudes de paysages lithographiés. Trois pièces en épreuves d'artiste.

JONGKIND

84 — Cahier de six eaux-fortes. Vues de Hollande. Paris, 1862. Six pièces et un titre. Très belles épreuves, avec dédicace sur le titre.

ISABEY (Eug.)

85 — Souvenir de Bretagne, — Souvenir de Saint-Valery-sur-Somme, — Environs de Dieppe, — Vue de Rouen, — Normandie, — Tour de Mont-Perrou, sur les bords de l'Allier, — Marine, — Marée basse. Dix pièces. Très belles épreuves.

JACQUE (Ch.)

86 — Le Fumeur, — Deux cochons, — Chien couché, — Intérieur de ferme, — Lisière du bois, — Le Chemin de halage, — Buveurs, — Benedicite, — Vaches hollandaises. Dix pièces, en grande partie sur chine.

87 — Militairiana. Vingt pièces et un titre lithographiés.

JACQUEMART (J.)

88 — Octavie. Trois épreuves, dont une d'artiste, avant toute lettre, une avec le nom du graveur seulement, et la troisième avec la lettre.

89 — Tasse de Sèvres, — Bijoux du xvi° siècle, — Tryptique allemand du xii° siècle, — Porcelaine de Vincennes, — Objets orientaux, — Pendule de Marie-Antoinette, etc. Huit pièces en épreuves avant la lettre.

90 — Bijoux du xvi° siècle, — Bijoux de la collection du prince Czartoryski, — Bijoux antiques, — Médailles grecques, Miroir français du xvi° siècle. Cinq pièces. Très belles épreuves.

91 — Reproduction de reliures pour l'histoire de la Bibliophilie. Dix-neuf pièces.

92 — Vénus marine, haut-relief de bronze, — Henri III, — La Minerve de Besançon, — Le Christ à la colonne, — Moïse, d'après Michel-Ange. Cinq pièces. Très belles épreuves.

93 — Trépied ciselé par Gouthière, — Table en buis sculpté dans le style Louis XVI, — Miroir français du xvi° siècle, — Vase à boire, — Ivoire et céladons, — Objets orientaux. Six pièces.

94 — Souvenirs de voyage, — L'Ecureuil et la mouche ? — Frontispice, — Titre, — Chez Berne-Bellecour. Cinq pièces.

95 — Pièces de vieux Sèvres, pâte tendre, — Porcelaine de Vincennes, — Plat d'Urbino, — Vase hispano-moresque, — Aiguière à grotesques, d'Urbino, — Porcelaines de Valenciennes, etc. Huit pièces.

LALANNE (Maxime)

96 — A Neuilly, — Un site hollandais, — Le Pigeonnier, — Rue d'une ville, — Bords de la Tamise, — Rivière bordée d'arbres, — Rue de la Tonnellerie. Sept pièces, en épreuves d'artiste.

LEGROS (A.)

97 — Paysan breton (29). — Tête de jeune fille (36). — Le Réfectoire (55), — Le Lutrin (59), — Le Manège (75), — La Charrette brisée (87), — L'Incendie (144). Epreuves avant la lettre, sur chine. Sept pièces.

MILLET (J.-F.)

98 — Femme donnant la bouillie à son enfant, — La Fileuse. Deux pièces.

PIGUET (R.)

99 — Suzette. Epreuve d'artiste, sur japon.

RAFFET

100 — Croquis divers, gravés à l'eau-forte. (G. I-II-XI). Epreuves sur chine.

101 — Portrait de *Audoyer* (G. 2. r r). Très belle épreuve.

102 — Le Colonel du 17° léger, 13 septembre 1841 (7). Belle épreuve sur chine coupé.

103 — S. A. R. le Duc d'Aumale, 1843 (8). Très belle épreuve sur chine coupé.

104 — Le Maréchal de *Saint-Arnaud* (15), — *Le Blanc*, lieutenant-colonel du Génie (17), — Auguste *Raffet* (21), — *Regnault de Saint-Jean-d'Angely* (27). Quatre portraits in-fol. en pied. Très belles épreuves.

105 — Napoléon à Waterloo (60 r). Très belle épreuve.

106 — Combat d'Oued-Alleg, 31 décembre 1836 (82). Très belle épreuve sur chine coupé.

107 — Le Rêve (86). Très belle épreuve sur chine coupé.

RAFFET

108 — *Napoléon* (Affiche pour l'histoire de), par M. de Norvins (122). Belle épreuve de l'affiche complète.

109 — Infanterie polonaise marchant à l'ennemi (1813) (161), — Catalans sur la Rambla de Barcelone (172. rr). — Garde consulaire (177), — Officier général autrichien (185). Quatre pièces. Belles épreuves.

110 — La Revue nocturne (429). Très belle épreuve de premier tirage.

111 — Dessins faits d'après nature au siège de la citadelle d'Anvers (508-535), — Retraite de Constantine. Seize pièces de ces deux suites, dont quelques doubles. Très belles épreuves.

112 — Expédition et siège de Rome. Suite de trente-six planches (G. 557-593). Très belles épreuves sur chine.

113 — Voyage dans la Russie méridionale et la Crimée (594-702). Dix-sept planches de cette suite. Très belles épreuves.

114 — Sous ce numéro, il sera vendu, en plusieurs lots, cinquante-quatre pièces, sujets ayant été publiés en albums, dont beaucoup représentent des scènes de la vie de l'Empereur en campagne.

RAJON

115 — *Tennyson*, poète anglais. In-fol. Épreuve d'artiste, sur japon.

RODIN

116 — Portrait de Victor Hugo. Croquis à l'eau-forte.

SEYMOUR-HADEN

117 — La Promenade au bord de l'eau (The Towing path) (H. B. 66), — Kew. Deux pièces. Très belles épreuves.

118 — Brick à l'ancre (A Brig at anchor) (H. B. 130). Très belle épreuve. Rare.

SEYMOUR-HADEN

119 — Les Meuniers poudreux (Dusty Millers) (H, B. 165).
Épreuve du premier état, sur chine.

SWARTZ (W. de)

120 — Femme couchée, — Etudes de paysages, — Intérieur, — La Maison aux bateaux. Cinq pièces. Epreuves d'ar- d'artiste, signées du graveur, sur japon.

VERNET (H.)

121 — Partie de son œuvre lithographié, composé de cent soixante-cinq pièces, dont un certain nombre avant la lettre.

WHISTLER (J.-M.)

122 — Recueil de sujets divers gravés à l'eau-forte. Cinquante-sept pièces en épreuves tirées sur les planches biffées. 1 vol. in-4, cart.

123 — Pont traversant une rivière, — Cour de ferme. Deux pièces gravées à l'eau-forte.

124 — Jeune femme assise sur un canapé, — Jeune femme à la promenade, — Visite au musée. Trois pièces lithographies. Rares.

ZILCKEN (Ph.)

125 — Profil de jeune fille, — Etude de vieille femme, — Delftshaven, — Environs de Delft, — Matin d'automne, — Petite chaumière au bord de l'eau. Six pièces gravées à l'eau-forte, en épreuves d'artiste.

126 — *Les Peintres lithographes*, Album trimestriel de lithographies originales et inédites par divers artistes, publié sous la direction de Léonce Benedete, Dillon et Jean Alboize. Paris, 1892. 4 livraisons contenant chacune dix planches. En portefeuille.

DESSINS

127 — **Allongé**. Paysages de Normandie. Deux aquarelles faisant pendants, signées.

128 — **Cabanel** (Alex.). Etude d'une tête de nègre, au crayon noir, signé.

129 — Etude d'homme nu, — Etudes de tête de femme, de jambe et draperie. Deux dessins à la sanguine, signés.

130 — **Daubigny** (Karl.). Paysage avec rivière sur le devant. Aquarelle, signée.

131 — La Plage de Villerville. Etude au crayon noir.

132 — **Daumier** (H.). Le Bonheur du ménage. Au crayon noir et aquarelle. Signé.

133 — Le Vieux malade auprès de son poêle. Au crayon noir. Signé.

134 — **Delacroix** (Eugène). Etudes de pêcheurs, sur une même feuille. Aquarelle provenant de la vente Delacroix.

135 — **Lalanne** (Maxime). Vue d'un port de mer. A la plume. Signé.

136 — **Millet** (J.-F.). Le Christ à la colonne. Deux croquis sur une même feuille, au crayon noir.

137 — **Raffet**. Soldats de la révolution. 1848. Composition de six figures en pied. Aquarelle signée et datée : 28 février 1848.

138 — Napolitain debout, le pied sur une borne, — Jeune Napolitain debout. Deux dessins au lavis d'aquarelle et sépia. Le premier est signé et daté 1841.

139 — Croquis militaires, dont quelques-uns ont été reproduits dans les Notes et croquis de Raffet. Treize dessins à la plume, au crayon noir et mine de plomb. Ce lot sera divisé.

Imprimerie D. Dumoulin et C⁰, à Paris.

PARIS
IMPRIMERIE D. DUMOULIN ET Cie
5, RUE DES GRANDS-AUGUSTINS, 5

www.ingramcontent.com/pod-product-compliance
Lightning Source LLC
Chambersburg PA
CBHW050041230526
45470CB00003B/1381